JN441113

차호에 꽃이 피네

박덕희 세 번째 차시집

차호에 꽃이 피네

초판1쇄 발행 2025년 10월 5일

지은이 보이마루 박덕희
펴낸이 이길안
펴낸곳 세종출판사

주소 부산광역시 중구 흑교로 71번길 12 (보수동2가)
전화 463－5898, 253－2213~5
팩스 248－4880
전자우편 sjpl5898@daum.net
출판등록 제02-01-96

ISBN 979-11-5979-838-2 03810

정가 12,000원

차호에 꽃이 피네

| 박덕희 세 번째 차시집 |

세종출판사

시인의 말

저에게 있어 차 한 잔은 위로였습니다.
길 앞에서 멈추어야 했던 날들, 끝이 보이지 않던 시간
속에서도 '나에게 주는 차 한 잔'이 있었습니다.

아무것도 하지 못하던 순간에도
"어떤 차를 마실까" 생각하면 작은 기쁨이 있었고,
맛을 기대하며 집중하는 순간마다
흩어졌던 마음들이 모였습니다.
차 한 잔이 깊어질수록 고단함은 옅어지고,
마침내 소중한 '나'가 남았습니다.

차는 천천히 살아가는 법을 가르쳐주었습니다.
향과 맛, 여운 속에서 젖어들며,
다시없을 고요에 머물러 주기도 했습니다.

이 시집 또한 그 찻잔에서 건져 올린
하루의 숨결과 향입니다.
잠시 고단한 마음을 내려놓는
차 한 잔이 되기를 바랍니다.

시인 보이마루 박덕희

| 해설 |

차향의 시학

정영자

| 문학평론가. 한국문인협회 고문, 국제 펜 한국본부 고문 |

시의 사랑은 폭넓게 다양한 주제를 넘나들지만 차와 차향의 맑고 밝은 잔잔한 시어를 담는 다도의 길을 가꾸어 가는 몰입형 시인은 드물다. 이제 선택과 집중으로 시의 영역을 넓혀야 한다면 차의 명상적 깨달음의 환희는 박덕희 시인으로 주목된다. 그는 대학에서 음악을 전공하며 특히 작곡에 방점을 찍었으나 대학 동아리에서 차를 만나 30년이 넘는 차생활을 해 온 다인이며 시인이기도 하다. 조용한 차실의 분위기를 문자로 표현하고자 하는 열망이 차 시집 세 권을 발간한 이유일 것이다

2017년에 문학계간지 『여기』 가을호로 시인으로 데뷔하고 2019년 대한민국 전통 찻자리 명장으로 인정받으며 첫 시집 『눈으로 향을 마신다』(2021)를 발간한 후 두 권째 시집 『앉은 자리가 다실입니다』(2024)를 세 번째 시집 『차호

에 꽃이 피네』를 상재한다.

그 동안 2021년 문학계간지 〈여기〉 작품상을 수상하였고 2025년 부산여성문학작가상을 수상하였다. 그는 일하며 배우고 배우면서 일하는 예술 전장르(문학, 다도, 그림)에 걸친 남다른 재능을 발휘하고 있으며 개인적으로는 필자가 재직하던 대학시절의 제자이기도 하다.

필자는 박덕희 시인의 첫시집의 축하 글에서 다음과 같은 글을 남겼다.

> "시에서 차향이 솔솔 난다.
> 연녹색이 어느덧 황차로 변하고, 황차는 다시 연녹색으로 변하면서 우리들의 이야기는 말이 아닌 다담이 되어 바다로 흘러가고 있었다. 보이마루 박덕희 시인의 시는 세상과 사람, 자연과 인간에 대한 찬가다. 때문에 긍정적이고 가족적이다."

두 권째 시집에서도 이러한 분위기는 그대로 유지된다. 그는 다도를 생활화시켜 일상화로 이끌어 안내하는 따뜻한 다인이요 시인이다. 그리고 다양한 예술의 기쁨을 이웃과 나누는 생활화가이기도 하다. 그의 다도는 번거롭지 않다. 장소와 때를 만나 그 장소와 성격과 사람들에 의하여 간단하게 혹은 규칙적으로, 때로는 함축적으로 간결한 차의 맛과 풍류를 가진다. 현대 차의 예법이 지나치게 복고형의 절대 규칙으로만 간다면 다양한 장소의 다양한 자연이 법에

맞지도 않거니와 모인 사람들의 성향이나 즐김의 강도에서도 다를 수 있다. 그래서 그의 다도는 대중성을 기반으로 생활화하는 과정에 대한 절제와 단순미의 풍요로움과도 무관하지 않다.

그는 누구보다 차에 관한 현장의 시가 많다. 세 번째 시집에서도 그는 차향에 젖으며 그 속에서 사람을 만나며 깨달음과 감사를 배우고 따뜻한 우애의 꽃밭을 만들고 있다. 자연친화, 텃밭과 바다에 대한 경이로움과 생동감 있는 희망을 노래한다. 그를 이름하여 다향茶香의 시인이라고 명명한다. 차를 향한 그의 사랑은 차향이 시로 스미고 많은 사람들에게 맑고 행복한 기운을 배달하면서 다담을 나누게 하기 때문이다.

차가 뜨거운 물을 만나면
차호에도 꽃이 핀다

첫 잔은 홍배의 향
두 번째, 달큰한 맛
세 번째, 향과 맛이 함께 오고
네 번째, 그제야 여유가 깃든다

엽저葉低의 빛과 향
깊게 마셔보면 잊었던 품 같다

뚝 뚝 흘러드는 찻물
찻잔에 가득 채워
욕심내어 마셔보면
어느새 혼자 놀기 시작된다

햇살이 빛나면
통통 튀는 찻물,
넓게 그리는 동그라미

찻잔도 빛나고
찻물도 빛나고
찻자리도 빛난다.

— <차호에 꽃이 피네> 전문

위의 시에는 다도를 일상으로 한 다인들 아니면 제대로 이해할 수 없는 용어들이 나온다. "차가 뜨거운 물을 만나면/차호에도 꽃이 핀다" 뜨거운 찻물이 들어오면 차호에 은은한 향이 꽃같이 피어난다. 찻잎이 다시 생명으로 다시 피어나는 것이다. 이와 같은 탄생은 조용하고 경건하다. 그래서 차생활을 다도라 하는 것이 아닌가.

홍배는 찻잎에 열을 주어 향과 맛을 끌어내는 과정을 말하는데 건조는 높은 온도를 짧게 하고 홍배는 건조보다 낮은 온도로 길게 조정하며 함수량을 조절한다. 그러나 건조

온도가 너무 높거나 건조 시간이 너무 길어지면 맑고 청아한 향이 줄어들게 된다. 대만차인 고산청차高山淸茶가 그렇다. 낮은 해발고도의 차로 홍배를 하면 향이 풍부해지고 강렬하며 쓰고 떫은 맛이 줄어들고 쓴맛이 쉽게 변화되어 누구나 좋아하게 된다. 건조보다 낮은 온도로 길게 우려낼 때 향과 달큰한 맛을 만나게 된다. 착실하게 가늠하며 정확한 타이밍을 맞출 때 좋은 차를 여유롭게 마시게 되는 것이다.

박덕희 시인은 차를 다 우려낸 후의 찻잎인 엽저葉低에 주목하고 있다. 찻잎이 충분히 물을 머금고 퍼진 상태에서 윤이 나고 밝고 맑은 잎이 균등한 형태일 때 깊게 숨을 들이켜면 잊고 있었던 혈육의 품, 혹은 그윽한 고향의 기운을 맡을 수 있다는 것이다. 차는 차나무 잎으로 만드는 건조식품으로 수분 함량인 70~80%를 제다과정에서 4~6%까지 떨어뜨린다. 함수량을 조절하며 다시 끓는 물을 부어 우려내면 향과 맛은 나오게 되는 것이다.

그러한 찻물이 햇살을 만나면 통통 튀면서 동그라미를 그린다는 잔잔한 찻잔 안의 변화를 세밀하게 표현하고 있다. 혼자 마시며 놀고 있을 때의 충만한 자기 행복을 이미지화하고 있다. 찻잔도 빛나고 찻물도 빛나고 찻자리도 빛나는 홀로 차를 즐기는 다인의 빛나는 나날을 묘사하고 있다. 행다의 분위기는 단아하고 절제된 상태에서도 역동적이다. 햇살 속에 통통 튀는 찻물이 동그라미를 그린다는 역동성의 반전이 시를 더욱 긴장감 있게 만들어 간다. 그의 시는 여태까지 조용했고 무난했다. 그러나 이번 시집에서 차의 생성과정과 음미과정에서 경건한 우애와 역동성의 에너지가 가득한 차생활의 새로운 모습들이 나타나기 시작한다.

이와 같은 변화는 다음 시에서도 나타나고 있다.

햇살 머금은 산비탈,
새벽 안개 속
연두빛 찻잎을 손끝에 담는다

갓 틔운 첫잎,
한 잎, 또 한 잎
조심스레 떼어내면
바구니 속 연초록 물결이 포개져 간다

바람은 나뭇잎을 스치고,
새소리는 고요를 깨우며
차 한 잔의 시간이 자라난다

시들리기를 하며
굽혔던 허리를 펴고
덖기, 유념, 털기, 식히기를 반복하면
손끝의 열기가 한계를 넘고
잎은 찐득하게 공글려진다

상처 날수록
향은 오래도록 머물고

찻잎은 몸을 말아
은은한 푸름을 머금을 때
차향이 대신한다

시간이 우려낸 인내가
맑은 빛으로 피어나면

차 한 잔,
숨 고르기 한다.

– <찻잎 따는 아침-기장군 내리의 물소리 녹차> 전문

새벽. 안개 속에서 찻잎을 따서 차를 만드는 과정을 표현하고 있는 이 시는 한 잎 한 잎 따서 손끝에 담는 과정, 바구니에 연초록 잎이 포개지며 담기는 과정, 시들이기를 하고 덖기, 유념, 털기, 식히기를 반복하는 차 만드는 과정을 그대로 묘사하고 있다. 잎이 찐득찐득하게 공글려지는 시간이 우려낸 인내가 맑은 빛으로 피어나는 제다 과정을 구체적으로 표현하면서도 "상처날수록/향은 오래도록 머물고", "시간이 우려낸 인내가/맑은 빛으로 피어나면" 차 한 잔이 되는 과정을 구체적으로 마을 이름까지 적시하고 있다.

새벽. 안개 속에 연둣빛 찻잎을 손끝으로 따서 담는 부지런함과 섬세함, 바구니 속 찻잎의 연초록 물결 같은 잎이 쌓인 형태, 바람과 새소리에 차 한 잔의 시간이 자라나는 주변 환경의 조화와 도움, 그리고 제다의 형식을 거치며 손

끝의 열기를 노래하고 유념으로 상처 난 찻잎의 향기와 드디어 완성한 차를 음미하는 숨 고르기에 이르는 과정을 쉽게 친근하게 노래하듯 표현하고 있다.

다도의 대중화는 과정을 더욱 쉽게 설명하고 즐기는 시간과 정성을 다하는 시간 속의 인내가 익어야 비로소 좋은 차 한잔을 만나게 됨으로써 삶의 과정이나 제다의 과정도 지극한 정성과 인내의 결실임을 우회적으로 깨닫게 하는 이중적 다의성을 내포하고 있다.

〈찻잎 따는 아침-기장군 내리의 물소리 녹차〉는 자연이 키운 차, 바람과 새소리로 고요를 깨우기도 하고 차를 자라나게 한다. 한 폭의 수채화처럼 녹차밭과 제다의 모습을 그리고 있다.

찻잎이 유념해서 공굴리며 상처를 낼수록 향이 오래 머무는 비법을 시의 언어로 활용하고 있다. 10년 이상의 전통을 가진 기장 내리의 우리 협회 녹차잎 체취와 차 만드는 날은 동아리처럼 회원들이 많이 모여 성황리에 봄날의 작은 행사가 이루어지고 있다.

보이마루 박덕희 시인은 물소리 녹차 제작팀에 리더십을 발휘하며 봉사하고 있다. 그래서 부산여성문학인협회 회원들은 지극한 공덕으로 완성한 녹차를 지속적으로 마실 수 있게 된 것이다. 그 중심에 보이마루 박덕희 시인이 있고 그는 세 번째 시집도 녹차 관련의 시를 발간하며 특화된 모습을 보여주고 있다.

연두빛이 스며든다
산기슭 아래

햇살 속 찻잎
새벽 안개에 젖어
말 없이 피어난다

덖고, 비비고, 털고, 말리면
한 잔의 초록빛이 맑아진다

그 옆,
쑥이 돋는다

봄의 향이 손끝을 지나
시루엔 김이 피어나고
쑥향은 부엌 너머로 번진다

차와 쑥떡
두 개의 봄이
마주 앉았다

우전차의 쌉쌀함,
쑥떡의 부드러움

쓴맛이 단맛을 감싸는 순간
단맛은 쓴맛을 다독인다

—<우전차와 쑥떡> 전문

봄날의 대표적인 쑥떡과 녹차의 조합을 삶의 철학적 사유로서 풀어 간 시인의 호흡이 장대하다.

연둣빛 기슭 아래 햇살 먹은 새벽. 안개에 젖어 차잎은 피어난다. 그 옆에 쑥이 돋아 김이 나는 시루엔 쑥향이 부엌 너머로 번지는 두 개의 봄, 우전차와 쑥떡을 적시하고 있다. 우전차의 쓴맛과 쑥떡의 단맛을 두 식품이 조합되며 서로를 감싸고 다독이는 사랑으로 노래한다.

산기슭 언덕의 두 개의 객관적 상관물인 우전차와 쑥떡은 그 개성을 독자적으로 결실을 맺지 않고 "쓴맛이 단맛을 감싸는 순간/단맛은 쓴맛을 다독인다"는 협업과 위로, 서로의 수용으로 봄날의 초록 이미지를 개성 있게 묘사하고 있다. 다 같이 봄날의 생산품이고 초록색을 띠고 약재 식품이라는 공통성을 공유하면서 궁합을 이루고 있다.

식물의 현상이나 인간의 형태도 비슷하다. 사람들이 서로 조합을 이루지 못하고 갈등하고 자신만의 정체성으로 상대를 제압하고자 할 때 성장이나 발전은 유보되거나 퇴행하는 것이다.

청정하고 상생적인 식물의 생존을 형상화하면서 시인은 인간의 삶을 이중적 의미로 소환하고 있는 것이다. 그의 차향이 넘치는 시는 이미 삶의 의미라는 철학적 사유가 깊이 스며들고 있다. 그래서 보이마루 박덕희 시인의 차생활은 삶의 진정성과 우애적 삶으로 확대되어 가고 있다. 그의 차향이 넘치는 차 시는 이미 200수를 넘어 500수를 바라고 있다. 20대의 젊은 날부터 시작한 다도의 길, 생활 다인의 삶을 지키며 좋은 차향의 시를 창작하는 열정적인 모습으로 청춘을 지연시키기를 바란다.

차를 즐기는 독자들에게 차 한 잔을 놓고 이 시집을 한 편씩 낭송하는 낭만의 겨울을 만들어 가시기를 바란다.

차례

3부 무이산

4부 남편부처님

5부 은사님의 텃밭

6부 바다 멍

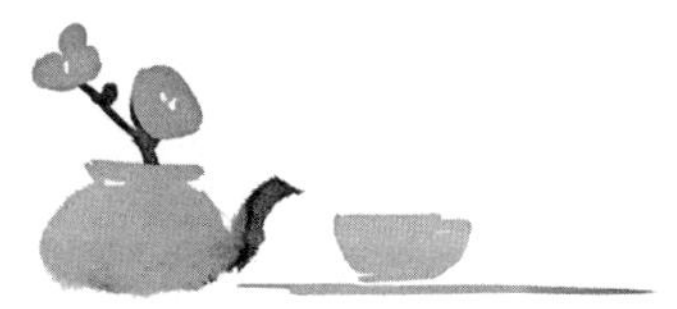

1부

차호에 꽃이 피네

다관(茶罐, 차 우림용)
청림도요 작품

차 한 잔의 연기

긴 여름의 끝,
목책 철관음
향도, 맛도 내어주지 않는다

들키지 않으려
감추는 익어감,
찬 바람에
슬며시 고개 든다

쑤시고 뒤집고
팽개쳐도

지혜와 자비
없는 곳 없어

차 한 잔의 진리,
인연의 연결고리

명승지 아무리 좋다한들
오늘 이 맛만 하리

차호에 꽃이 피네

차가 뜨거운 물을 만나면
차호에도 꽃이 핀다

첫 잔은 홍배의 향
두 번째, 달큰한 맛
세 번째, 향과 맛이 함께 오고
네 번째, 그제야 여유가 깃든다

엽저의 빛과 향
깊게 마셔보면 잊었던 '품' 같고

뚝 뚝 흘러드는 찻물
찻잔에 가득 채워
욕심내어 마셔보면
어느새 혼자 놀기 시작된다

햇살이 빛나면
통통 튀는 찻물,
넓게 그리는 동그라미

찻잔도 빛나고
찻물도 빛나고
찻자리도 빛난다.

차향은 연지에 머물고

밤새 찬물에
숨긴 연꽃 향

한 잎 한 잎
순백이 열린다

개구리 한 마리
물 위를 폴짝,
비늘 같은 파문이 번지고

연잎차 우려내고
연근차도 곁에 두니

표주박에 담긴
한 모금의 고요

잔을 들면
여름이 익는 소리

서늘한 맛 속에
말들이 피어난다

* 연지 - 연꽃차 우리는 다기

찻물 끓이는 소리

찻물을 올리면
김이 피어오른다

어떤 차를 우릴까,
어떤 다기를 꺼낼까
분주해진다

바람 불어
대숲 흔들리면
부딪치는 마디 소리—
청명한 울림

향기로, 눈으로
두 손에 감싼 온기
가을은 차맛으로 먼저 온다

'차통 챙겨 떠나자'
하동, 화개,
보성, 제주로,

찻물이 끓기 시작하면
차향 속에 사람들
그립다

찻잎 따는 아침

– 기장군 내리의 물소리 녹차

햇살 머금은 산비탈,
새벽 안개 속
연두빛 찻잎을 손끝에 담는다

갓 틔운 첫잎,
한 잎, 또 한 잎
조심스레 떼어내면
바구니 속 연초록 물결이 포개져간다

바람은 나뭇잎을 스치고,
새소리는 고요를 깨우며
차 한 잔의 시간이 자라난다

시들리기를 하며
굽혔던 허리를 펴고
덖기, 유념, 털기, 식히기를 반복하면
손끝의 열기가 한계를 넘고
잎은 찐덕하게 공글려진다

상처날수록
향은 오래도록 머물고

찻잎은 몸을 말아
은은한 푸름을 머금을 때
차향이 대신한다

시간이 우려낸 인내가
맑은 빛으로 피어나면

차 한 잔,
숨 고르기 한다.

우전차와 쑥떡

연두빛이 스며든다
산기슭 아래

햇살 속 찻잎
새벽 안개에 젖어
말 없이 피어난다

덖고, 비비고, 털고, 말리면
한 잔의 초록빛이 맑아진다

그 옆,
쑥이 돋는다

봄의 향이 손끝을 지나
시루엔 김이 피어나고
쑥향은 부엌 너머로 번진다

차와 쑥떡
두 개의 봄이
마주 앉았다

우전차의 쌉쌀함,
쑥떡의 부드러움

쓴맛이 단맛을 감싸는 순간
단맛은 쓴맛을 다독인다

찻물은 여름에도

7월의 더위에도
차 한 잔은 귀하다

더울수록
찻물은 올려야지

국선도로 흘린 땀,
70년도 육보차로
우려보자

묵직한 잎 한 줌
다관에 담으면

세월 속에 익은 茶,
찻물로 스며들고

따뜻함은 개운함으로 바뀌고
서서히 오가는 대화엔
온기가 흐른다

모두가 찻잔 들고 나누는

가벼운 웃음
가벼워진 건강.

* 육보차(六堡茶)는 중국 흑차(黑茶)의 일종으로,
광시좡족자치구(廣西壯族自治區)의 육보진(六堡鎭)에서
유래한 전통 발효차입니다

2부

차나무

운남성, 고차수 차나무

차나무

– Camellia sinensis

한 잎 두 잎
따낸 찻잎은
시간을 우린다

백차, 녹차, 청차,
황차, 홍차, 흑차

제다법 따라 다른 빛깔,
세월 따라 깊어지는 맛
밀리지 않는 향

산꼭대기 오룡차나무는
맑은 향을 내주었고
시집가는 딸은
차 씨앗 안고 떠났다

차 한잔,
끓인 우유 한 모금이
하루를 견디는 힘이 되었다

그때도 차,
지금도 차

찻잎으로 곳간 채우면
흐트러지지 않는 세월,
꺾이지 않는 내일이 있다.

* 차나무 - 학명(Camellia sinensis)

차마고도의 시발점

– 이무, 茶의 길에서

닳아진 돌을 밟으며
들어선 차순호 고택

'서공천조'노란 편액,
세월을 증명하듯
진심을 전한다

적당히 그을린 얼굴,
마주친 미소
"차 한잔 하세요"

닳은 돌에 스민 세월,
한 잔의 미소
역사의 애환이 스쳐간다

맑고 순후한
이무의 차,
그 중 차순호의 茶

빠른 회감,
깊게 남는 단침
잔향 속 눈을 감아
역사의 자리에 선다

밖을 나오니
커다란 찻잎 펼쳐져
시작된 세월을 다독이며
바람처럼 시원하다

구름의 남쪽,
나는 이무에 서 있다.

* 서공천조(書空千兆) : 청나라 황제가 이무 차상인 차순호에게 내린 어필 편액(御筆扁額). 보이차를 황실의 공차(貢茶)로 공인한 기념으로, 이무차의 명성과 정통성을 확고히 해준 표식이다. 이 편액은 현재 운남성 서쌍판납의 이무 지역, 차순호 고택에 걸려 있으며 보이차 역사 유적지의 상징으로 여겨진다.

야생 차나무

– 활죽양자

산이 발 아래로 보이고
수직에 가까운 가파른 길,
경운기를 타고 겨우 도착한 곳

그리고 다시,
걷고
또 걷는다

보이차 야생 차나무

사람의 손을 비켜
천천히, 오래 자라
굵어지고, 단단해져
하늘을 향해 키를 세운다

허락되지 않은 찻잎
그 누구의 것도 아닌,

밑둥은 이끼와 숨 쉬고,
두 팔 뻗어 안아도
닿지 않는다

차 한 잔 내어준 순간,
비로소 알게 된다

한 잎, 두 잎–
더디게, 천천히,
목마른 세월을 견디어야
만날 수 있음을.

차가 삶이 되는 곳

– 운남성 이무에서

이무엔
차가 피어나고
차가 익는다

차로 하루가 열리고
차로 하루가 저문다

봄이 오면 찻잎을 따고
비가 내리면 덖지 않고 기다린다

차를 손에 쥔 사람들
말보다 손이 먼저 움직이고
숨보다 향이 먼저 흐른다

어린아이도 찻물 내리는 법을 알고,
늙은이도 맛으로 아침을 삼킨다

찻자리엔 시계가 없다
시간 대신 탕색이 깊어지고
말 대신 차향이 쌓여간다

오고 가는 차,
오고 가는 사람들,
오고 가는 이유

그곳에선
차는 '상품'이 아니라 숨처럼,
사람 곁에 놓이는 것

이무에선
차가
삶이다

남나산 고차수 아래

남나산 차왕수 아래
옹기종기 둘러 앉아
늦가을 팔백년 고수차를 마신다

차맛을 아는 사람들,
차를 따라 떠난 사람들

긴 호흡으로 차향 마시고
들뜬 기분도 잠시,
신중한 기다림
찻잔에 집중된다

차를 아는 이의
간절한 욕망
단 한 잔의 빛나는 맛

머금은 차, 넘기지 못하고
순간에 머무르면
기억은 시공간을 넘는다

그날의 찻자리는
기억 너머의 여행이 되었다

* 차왕수(茶王樹) : '차나무의 왕'이라 불리는 거대한 차나무. 수백 년 이상 자라온 나무를 가리킨다.
* 고차수(古茶樹) : 오래된 차나무. 깊은 뿌리와 세월의 향을 머금는다.
* 고수차(古樹茶) : 고차수에서 채엽한 찻잎으로 만든 차. 부드럽고 깊은 맛과 향을 지닌다.
* 남나산(南糯山) : 중국 운남성 서쌍판납 지역의 대표적인 차 산지. 팔백 년 이상 된 고차수 군락이 보존되어 있다.

노반장으로 가는 길

물결은 시대를 만들고
차나무는
그 물결에 쓸려간다

진하고 강한 맛은
상품이 되었고

산자락엔
가격표가 매달린다

돌고 돌아보니
찻잎은
말을 잃었고,

명성은 간판이 되고
고목은
추억 속 사진 찍기 바쁘다

말 없는 숲,
견뎌낸 세월

마주 앉은
차 한 잔 속에

한 줄기 안개,
한 잎의 기억이 보인다

아쉽고
또 아쉬운
차나무의 생

* 노반장(老班章) : 중국 운남성 서쌍반나 멍하이현 반장산 깊숙한 곳에 자리한 '차왕촌(茶王村)'으로 불리는 보이차 산지. 수백년 된 고차수가 원시림처럼 자라는 곳. 강한 쓴맛과 빠른 회감, 깊고 긴 후운(喉) 있고 강렬한 차기(茶氣)로 명성이 높다

이무로 가는 길

산은 자꾸 접히고
길은 더 깊어만 간다
돌고 또 돌아
버스는 낭떠러지를 스친다

빠듯한 곡선
바퀴 하나 허공에 걸린다
숨을 삼키고
기도하듯 오르는 곳

이 길을 따라
찻잎을 옮겼을 사람들,
말 없는 나무들이
굽이마다 버티고 섰다

고목은 바나나로 피어나고,
비탈엔 구름이 자란다
흰 구름,
천년을 돌았을까

이무 정산,
이무 낙수동,
이무 마흑
이름만으로도
단침이 돌고 회감이 살아난다

차가 오른다
봄차는 여린 숨으로 솟고
고수차는 무르익으며
대수차는 깊어진다

보이차 제다

어디서 왔을까?
이 크고 긴 잎들,
초록 들판에서 뽐내듯
시들리기를 거친다

달궈진 차솥 앞,
두꺼운 장갑 낀 손,
농구공보다 빠르게
밑에서 위로 던지고 또 던진다

따닥따닥 튀는 소리,
숨 돌릴 틈도 없이
찻잎은 숨을 품는다

숨결을 품은 잎,
펼쳐진 멍석 위에
앗 뜨거 식혀지고

둥글게 둥글게
공글리기, 털기
반복된 손끝에서
끈적한 유기물 베어 나온다

하늘 아래
흰 구름 줄 서 있고
햇살이 쏟아지면

대나무 위 넓적 쏘쿠리
줄 세워
쇄청하는 날

하늘이 말려주고
바람이 어루만진다

물 식힘 해서
조심스레 붓는 순간,
빠르게 다가오는 차향

부드러운 목 넘김
혀끝엔 단침 돌고
회감도 자리잡고
열감은 재빨리 일어선다

육보차

찻물 끓으면
육보차 꺼내어
천목다관에 두 번 헹구면
열기는 햇살에 빛이 난다

숨 고르듯 기다리며
무쇠탕관 다린 물,
서서히 부으면
세월의 열감이 스며들고

동굴 속에 익은 맛
안개 속 차의 변신
진하다가, 연하다가
두 손 모아 집중하면
내어놓는 맛

30년, 50년,
탐나는 세월 속
오리무중 다도 시간

두꺼운 옷 벗겨내듯
열감이 몸을 덮고,
맴도는 단맛,
부드러운 목 넘김

남겨진 하루
육보차처럼
짙어 간다.

* 육보차(六堡茶) : 중국 광서성(廣西省) 육보현에서 전통적으로 생산되는 후발효 흑차(黑茶). 대나무 바구니에 담아 저장·숙성시키며, 시간이 지날수록 향과 맛이 깊어진다. 특유의 단맛과 부드러운 목 넘김, 체온을 데워주는 열감이 특징이다.

3부

무이산

중국 복건성 무이산의 구곡계(九曲溪), 무이암차(武夷岩茶)가 자라는 곳
옥빛을 띠는 강물이 붉은 기운의 단하암(丹霞岩)을 휘감아 돌고,
층층이 쌓인 바위산 사이로 차밭과 숲이 어우러져 있다.
바위 틈, 계곡의 안개, 물의 습윤함이 차의 향과 골격을 만든다.

무이암차

첩첩산중,
무이구곡을 걷는다
이 깊은 곳에
차가 있을까

차의 품종까지
세심히 갈라 놓았다

운무가
계곡의 차밭을 감싸면,
빛이 적고, 바람 드문 자리
암골화향* 퍼져 나온다

무이산은
차 품종의 왕국
육계, 철라한, 수금귀,
대홍포, 백계관

통통하고 단단한 잎,
균일한 결,
암갈색 엽저가
품질을 말해주고

붉은 토양과
늘어선 바위 틈 사이,
차나무는 뿌리내렸다

작은 호에
찻잎을 올리고
물 부으면
차향이 요동친다

과일향, 꿀향이
숨처럼 퍼져

어떤 날이
오늘 같을까

차가 품은
오미五味
다 내어주었다.

* 암골화향(岩骨花香) : 무이산 암차 특유의 향. 바위의 유기물질과 기후 조건에서 비롯된 깊고 묵직한 향기로, '바위의 뼈와 꽃의 향기'라 불린다.

대홍포大紅袍

– 무이산 바위틈에서

천유암을 지나며
쏟아지는 폭포 아래
천심영락선사天心永樂禪寺를 만난다

물소리와 범종 소리,
법음은 퍼져나가고
차나무 계곡은
물길 따라 푸르게 번진다

스님께서 내어주신
직접 덖은 차
그 향은 선정이 되어
길마저 멈추게 한다

깊어지는 산길,
차밭과 바위 위로
하늘만 열린다

가파른 돌계단 끝,
남은 숨을 몰아쉬면 –

바위 틈 전설의 모차,
붉은 용포를 걸친 듯 서 있다

바위는 빛나고,
꽃향과 불빛 같은 따스함이
잎마다 번져 있다.

무이산 대왕암

– 우주의 기운이 노닐다

하늘빛 향해 솟은 바위 사이
초록 숨결, 옅은 구름 걸린다

고산의 구름비
천년을 빛 덧입은
차무리의 향,
혼돈의 율동이 겹겹이 스민다

닭은 모이를 쪼고
새는 이른 노래를 부르며
연못의 잉어는 꼬리를 흔든다

바위틈 고인 이슬,
암운 속 꽃심 단단히 세우고
숨결 스민 향
대왕암 아래
새싹처럼 자란다

화향을 품고, 난향을 안고,
바위의 기운을 닮은
중후한 맛맺힌다

찻잎을 스치는 손끝,
수백 년 전,
차 달이던 옛 스님의
숨결을 만난 듯
무이구곡,
차밭 봉우리들
운무는 여전히
차향의 맥 따라 흐르고
그 향,
찻잔에 고인다

* 무이산(武夷山) : 중국 복건성 북부에 위치한 명산으로, 기암괴석과 무이구곡으로 유명하다.
* 대왕암(大王岩) : 무이산의 대표적 거대 암석으로, 웅장한 기운과 신비로운 전설을 품고 있으며, 바위 틈 사이로 자란 차나무들이 세계적인 암차(岩茶)의 근원이 된다.
* 무이구곡(武夷九曲) : 무이산을 흐르는 구불구불한 계곡으로, 옛 선승들이 수행하며 차를 달이던 자리이자, 지금까지도 차향이 살아 숨쉬는 공간으로 전해진다.

비교 품평

무이암차,
수렴동 육계 5g
100cc 호에 넣었다
퍼져오는 암골화향
제일 잘 우린 줄 알았다

육계 7g,
100cc 호에 넣어
우리고 있다
많지 않을까?

비교 품평의 맛
다시 2g을 더했다

대만의 오룽차,
동방미인 대유 품종,
동방미인 백호 품종

건차의 선입견을 벗기면
달라지는 향과 맛

한김 식혀 마시면
세 번째 포에서야 내어주는 맛

오늘은
차에 당한 날이다.

* 육계(肉桂) : 무이암차의 대표 품종. 계피향과 강한 골격감이 특징이다.
* 동방미인(東方美人) : 대만의 대표 오룡차. 벌레가 물어 독특한 꿀향과 과일향이 나는 차. 대유(만생종), 백호(조생종) 품종이 있다.

천유봉天游峰

– 복건성 무이산에서

깎아지른 암벽 따라
돌계단이 바위에 붙어
하늘로 이어진다

가쁜 숨 참으며
뒤돌아보면
구곡 물길이 휘돌며
에메랄드빛 강을 이룬다

절벽 아래,
암차밭은 햇살에 젖어
푸른 잎이 바람마다 흔들리고
바위 틈새마다
차나무가 억세게 뿌리를 박고 있다

봉우리에 서면
삼십육 봉우리,
칠십이 동굴,
아흔아홉 암산이
굽이진 산세를 이룬다

골짜기마다
다동, 마두암,
수연암, 천심암
대홍포 모수
이름난 차밭이 숨어 있고

무이암차 한 잔,
잎이 풀리며 내는 향은
절벽의 바람 같고
강물의 빛 같다

주희가 이곳에 머물며
무이구곡을 노래했듯,
나는 오늘
차향 깊은 바람 속에서
하늘을 마신다

비 오는 동목촌

– 복건성

동목촌의 비밀,
동목촌의 신비,
빗소리 따라
홍차의 속살이 드러난다

좁은 길을 뒤로 하고
허가된 차량이 오르는 길,
무이구곡 물결은
세찬 소리로 길을 연다

최초의 홍차, 정산소종,
금준미, 은준미,
새겨진 이름 양준덕-
세계 홍차사의 첫걸음

아까워 말린 제다법,
우연으로 빚어낸 새로움,
정산소종 야차의
짙붉은 주황빛은 투명히 퍼지고,
은은한 향의 농후함은
여정의 짐을 내려놓게 한다

이어 마신 금준미,
호박빛 주황의 고운 빛,
꽃향과 산딸기 향,
달큰한 맛과 꿀물 같은 여운

분주히 움직이는 개완,
뜨거움을 견디는 손끝,
스흡- 한 모금,
쉽지 않은 우림에
스승의 눈길이 머문다

세월 묻은 손금,
불 앞에 묵묵히 잎을 덖은 흔적
굵은 주름은 차향이 베여
전통을 새기고,

찻잔을 쓰다듬는
다정함 되었다.

여름날의 차

– 연차

백련꽃 따다
밤새 가두는 향,
터트려질까
조바심 나지만

뚜껑이 열리고
향이 쏟아지면
여기저기 들리는 환호성

한 잎, 또 한 잎
연지 위에 앉으면
순백의 연꽃이 핀다

그 아래
연잎차, 연근 발효차
분주히 키 맞추고

알맞게 우려짐은
여름날의 환희

마시고 또 마셔보면
안심하고 잔 놓는다

“이런 맛은 처음이야”
빙그르르 웃는 찻자리.

* 연차(蓮茶) : 연꽃잎이나 연꽃 향을 입혀 만든 차. 여름철의 맑고 청아한 향기로 사랑받는다.

붉은 사암의 길

– 무이산 천유봉

깎은 바위에 붙은 계단,
붉은 사암의 돌
억겁의 세월이 스며 있다

한 걸음마다 하늘에 닿고
무이구곡 물길은
굽이치며 노래한다

바위틈마다
차나무는 자라고,
바위 뒤에는
도사도 산다

구름은 허공에 길을 놓고,
바람은 차향을 품어 나른다

세월을 디딘 발자취 따라
마침내 하늘과 맞닿는다

차향만리茶香萬里

운남 이무 산길,
안개 머금은 찻잎은
계곡 너머 난향이 스민다

무이산 대왕암 바위틈,
암차의 불빛 같은 향
강물 따라 흐르고

제주 바닷가,
갓 덖은 녹차향은
파도와 섞여 멀리 번진다

한 잔의 차,
고요히 머무는 순간
만 리 길 건너
마음을 잇고,

차향은 내 안의 담장까지
허물어 준다.

너 어디에서 왔니

– 충시차

좁쌀만 한 검은 알갱이,
천천히 물을 만나
은은히 날아오른다

첫 잔은 향,
두 번째는 등줄기 타는 불길,
예고 없는 열감이 솟구친다

단향은 흩어지고
잔향은 오래 남아,
세 번째 잔은
부드러운 단맛으로 목을 감싼다

짙은 탕색 속에서도
단맛은 머물러
소리 없이 미소가 번진다

숨 고르고,
끝 모를 여운 속에

흩날린 바람을
잠재우듯
조용히 내려앉는다

너,
어디에서
왔니?

자사호

– 숨 쉬는 그릇

숙성된 니료,
곱고 탄탄하며
차의 향과 맛을 오래 머금는다

천도 넘는 불길,
광물이 반응하여
그릇마다 다른 무늬가 태어난다

불길과 재가 남긴 문양
사람의 손을 넘어선
자연의 흔적

쌍기공 숨결은
물은 들이지 않고
단단히 향,
붙잡는다

차를 따를수록,
시간이 흐를수록,
호壺는 더욱 깊은 빛과 향기를 품는다

전통을 이어 빚는
장인의 손길 속에
숨쉬는 그릇의 신비는
천년을 이어 흐른다

* 니료: 자사호를 만드는 흙.
* 1080도의 불길: 자사호를 구울 때의 고온.
* 쌍기공: 자사토의 미세한 이중 기공 구조.
* 호: 자사호, 차를 우리는 주전자.

불의 심판, 흙의 숨결

– 자사호 굽기

5월의 이싱宜興,
자사요 가마 앞은
벌써 불의 숨결로 달아 있다

1080도의 고온 속으로
들어갈 차례를 기다리며
내화 상자들이 줄을 선다

백니, 홍니, 흑니, 주니, 단니
다섯 빛 흙의 심장들이
박스마다 웅크려 있다.

불 앞에 선 장인들의 눈빛은
숨조차 절제한 채,
이 뜨거움이
어떤 창조물이 될지
이미 알고 있는 듯하다

뚜껑과 몸체를
불 속에서 떼어놓기 위해
흰 금강석 가루를
꼼꼼히 묻힌다.

가스 가마는 긴 터널,
그 불의 강을 건너면
첫 번째 자사호 생이 완성된다.

얼마나 빛이 달라졌는지,
얼마나 몸이 줄었는지,
어디에 금이 숨었는지 –

정성으로 두드리고, 깎고, 다듬은 날들에
불의 재판이 내려진다.

불과 흙과 사람의 호흡이
비로소 하나 된 순간,
그 숨,
손바닥에 오래 간직한다.

* 자사호(紫砂壺) : 중국 강소성 이싱(宜興)에서 생산되는
자사토(紫砂土)로 만든 차호(茶壺). 숨을 쉬는 도공의 흙이라 불리며,
불과 사람의 손길, 세월이 어우러져 완성된다.

4부

남편부처님

찻잔(茶盞, 차를 마시기 위한 잔)

남편 부처님

저장된 이름이
'남편 부처님'이었다
생각하니 참 좋은

부처님 앞에서 비는 사람
만나면 토닥토닥

'남편 부처님'으로 바꾸었더니
토닥이 사라지고
미소가 남았다

이름 하나 바꿨을 뿐인데
별별 이야기가 재미있다
별별 이야기에 꽃이 핀다

고쳐놓길 잘한
남편 부처님

환해지는
내 얼굴

이견대

– 왕의 숨결

동해, 끝없는 비늘의 바다 위
호국의 기상은 창처럼 뻗어 나가고
왕은 용이 되어
파도 속에 잠드셨다.

설마하던 눈길이 닿자
돌 속에서 숨 쉬는 기개가 깨어났다.

천년을 버틴 바위,
징을 두드리듯 울리는 물결,
그 소리에 포세이돈도 길을 비킨다.

대종천은 바다와 어깨를 맞대고
검푸른 격랑을 막아선다.
높아진 땅은
왜구를 물리치던 문무왕의 방패 같다.

파도의 결을 쓸어내리는 자리,
거기 작은 미소가 피어난다.

우리는
왕의 숨결 따라 걷는다.

* 해설 - 문무왕이 바다에 잠든 뜻을 새기며, 이선대에 서서 바라본 동해의 숨결

숨 쉬는 바위

– 문무대왕릉

태양은 수평선 위에
붉은 비늘을 흘리고,
그 빛 따라 대왕은 용이 되어
파도 속 바위 심장에 잠든다

거북등 같은 돌,
길고 묵직하게 덮인 몸
동에서 서로 숨 쉬듯
물결은 움직인다

조각난 바다 위
외로운 섬 하나,
떼어지고 다시 붙으며
갈매기 한 마리
바람과 눈짓을 주고받는다

오랜 세월
얼마나 버텼을까

징, 징, 징–
적막을 두드리는
천 년의 소원이
바다에 울려 퍼지고

누군가는
하트 모양 돌을 찾아
두 손에 쥐고
또 다른 세상의 문을 연다

바위에 새긴 미소

– 경주 남산 탑곡

비 맞은 바위는
저절로 속살을 드러내고,

소나무와 대나무는
이마를 맞댄 채
남산 자락,
그 바위 곁에 남아 있다

우거진 나무 계단을 돌면
돌 속에 앉은 미소를 만난다

보살 입상과 마애존불–
천 년의 숨결이 새긴
자비의 얼굴,
고요가 깃든 세계

입술보다 먼저 웃는 눈매,
바위의 자비는
말 없는 법문으로
바람 속에 흐른다

빗소리와 바람 사이
다져진 땅 위로
맨살의 뿌리들이
서로의 안부를 나눈다

초록 단풍은
잎맥마다 햇살을 품고
하늘 위 별처럼 번져 있었고,

고요한 물가,
숨 고인 개울엔
아직 흘러야 할 마음이 있다

안양교—
마음대로 드나드는 즐거움,
이 세상이 허락한
작은 기적,
남은 숨결 하나

감은사지, 문무왕의 탑 아래서

대종천 따라 노을이 진다
바람 한 줄기
옛 숨결처럼
내 곁을 지난다

감은사지 탑 위에
빛 한 줄기
문무왕의 뜻처럼
조용히 내려앉는다

돌 위의 이끼도,
젖은 빗물도
그날처럼 말이 없고
시간만이
탑을 돌고 돈다

그는 살아서도 나라를 지키고
죽어서도
동해에 몸을 누인 용이 되어
바다를 지켰다

바다는 아직,
그의 숨결을
파도에 실어 보내고
탑은 아직
그의 뜻을 껴안은 채
하늘을 향해 솟아 있다

굳건하게 하소서
흔들리지 않게 하소서
이 땅의 마음들이
탑처럼 곧고, 깊기를

대종천 따라 걷는 길
쏜살처럼 스치는 물빛 위로
용의 그림자가
번져간다

숨, 佛息

깊은 전설을 품은 구룡지,
하늘빛 춤추는 금빛 물결 속
아홉 마리 용이 살았다

여덟은 푸른 창공으로 오르고
외눈 용 하나, 업 다하지 못한 채
침묵의 숨결로 세월을 지켰다

불보 자리 금강계단,
부처님 사리 광명은
하늘과 땅을 잇는 숨이 되고
단청 영기靈氣는 천년의 빛이 되었다

찬불가 염원 울려 퍼지니
영축산 신령한 기운이
법음으로 메아리치고

산신은 만유의 고통을 품고,
십육나한 앉은 법당 위로
깨달음의 길 열리니

부처님 자비의 빛과 진리
하나로 어우러진다

난세의 바람 속에서
중생의 가슴은 상처로 가득하다
산신의 덕, 나한의 지혜,
부처님 광명은
천년의 법음 되어 울린다

통도사 산빛과 빛의 영기,
중생의 울력 모여
구룡지 숨소리
천둥처럼 울려 퍼진다

구룡지의 잠룡이여,
이제 깨어나
광명의 하늘로 비룡하리라

통도사 서운암의 아버지

아버지 가시는 길,
서운암이 있었습니다
아버지 노시는 곳,
야생화가 피었습니다

두 분이 그렇게
좋아하실 줄 알았다면
혼자 오지 않았을 텐데

꺾인 허리 앞에
원망이 먼저 서고
잠깐도 오래 같아
급히 앉으실 때면

멈춰지는 가슴,
제 일이 아니길
빌었습니다

부처님을 향한 손끝,
굵고 깊은 염원

어떤 기도보다
더 무거웠습니다

모든 것은
삶 속에서
한 줌 가루일지라도
남은 점 하나,

아버지 곁에서
이제야 배웁니다.

5부

은사님의 텃밭

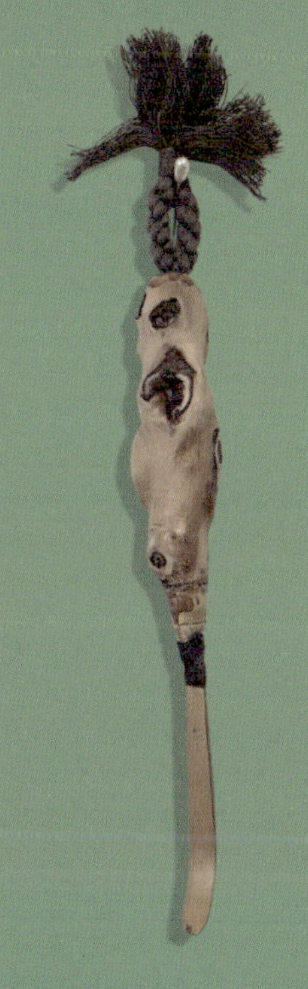

차시, 차스푼(말차를 뜨는 도구)

은사님의 텃밭

여름 새벽,
이슬이 먼저 깨어
흙냄새에 스며든다

홑겹 옷자락 넘기시며
미소로 하루를 여신다

노각오이,
덩굴 아래 데롱데롱-
가위질하며 웃으신다

너무 익은 건
"그래, 더 맛있게 먹음되지."
하시니 여름이 더 깊어진다

손주 온다며
깻잎 세 잎씩
바삐 따시고,

짱아찌 담그는 손끝엔
책보다 더 많은
비밀이 묻어난다

고추가 붉어지면
얼갈이김치 담을 때라 하시고,

햇살은 가지 사이로 흐르고
여름은
저 혼자 자라난다.

니, 저금통이가?

겨울 햇살
주말 텃밭,

나무 의자 둘,
테이블 하나
걸터앉은 자리
눈앞엔 상추 비닐하우스

쪼그리고 앉아
뽑기놀이하듯 상추를 딴다
모종만 심은 줄 알았는데
씨앗도 힘을 보탰다

하우스 따라 뱅글뱅글 돌다
커피 마시고 과일 먹고
다시 비닐하우스 저금통을 들여다본다

시래기에 고등어조림,
꽁치에 무조림,
참치 통조림 찌개—

상춧잎 소복이 쌓인 밥상에
몇 잎씩 크게 구겨 넣는다

오늘도 온 텃밭
“거기가 니, 저금통이가?”

유월이 시작되면

– 텃밭 놀이터

주말이 가까워지면
새벽이 오기만 기다린다

텃밭 입구에 서면
엄마 눈으로 살핀다

물이 모자라진 않을까
너무 비좁진 않을까
햇살은 잘 드는지

제대로 크지 못하는 아이
살며시 다독이며
조심스레 기다린다

관심은 사랑이 되고
쑥쑥 자라 놀라게 하고
옮겨진 자리 좋다며
방긋 웃는다

천리향 향기 진하게 퍼지고
향기 속에 함께 논다

주키니 호박꽃 활짝 피고
접시꽃도 꽃대를 올린다

열무는 세 번째 씨앗에서
다시 싹이 틔우고
쑥갓도 제 모습을 갖춘다

설마 하고 심은 완두콩
알알이 단단해져
자꾸 들여다보게 된다

상추와 깻잎은 솎기만 했는데
벌써 한 바구니 가득

감자, 아삭 고추, 가지
수박, 호박, 옥수수, 방울토마토는
내가 오기만을 기다린다

작년 말린 노각씨
가는 곳마다 움 틔우고
종종걸음으로 한 바퀴 돌면

뻐꾸기 소리
텃밭을 감싼다

이런 깻잎

깻잎 실컷 먹고
꽃 피고 깨 맺혀
농막 천장에 매달아 두었더니

봄 되어
여기저기 솟아난 깻잎 순

한곳에 모으다
불쑥 나타난 깻잎 무더기

농막 위에 날린 깨,
농막 밑에 떨어진 깨,
들고 나가며 흩어진 깨

바람 타고 멀리 날다
힘 빠져 떨어지고,
바짝 마른 깨
안간힘으로 피어난다

텃밭은
깻잎 농장 되었다

깻잎장아찌,
깻잎김치,
깻잎 졸임,
깻잎쌈-

향기 짙은 깻잎
만나면 나눠 주고

무더운 날
나누는 기쁨 꽃핀다

6부
바다 멍

찻자리 소품

숨, 처럼

바다는
조금씩 차오른다

자갈길 따라
멈췄다 걷는다

혼자의 길,
혼자의 숨

멈추고, 걷고
또 멈춘다

해안 끝
허리 굽은 할머니,
툭 튀어나온 아이

들숨과 날숨은
쉼 없이 이어지고
햇살은 소나무 등을 타
바닥을 비춘다

악어 바위
발과 꼬리, 머리
누가 던져 놓았을까

통통배 스쳐가고
낚시꾼 먼저 자리를 잡는다

발끝과 바닷물
호기심처럼 퍼지고

짙푸른 바다는
에메랄드빛 번져
천지에 흩어진다

그제야
나는 기억한다
숨, 쉬는 존재였음을

수국의 신부

– 제주 휴애리에서

돌하르방
두 손 모아 맞이한다

엄마와 함께 온
세 아이,
꽃길에 흩어진다

수국 동산,
푸른빛과 흰빛,
바이올렛, 분홍빛

저만치
고요한 축복처럼
흰 수국,
유월의 신부로 서 있다

환한 웃음
꽃처럼 피어났다

노을의 춤

– 제주, 고내리

빨간 등대를 향해 걷는다
걷다 보니 바다 위

비행기 소리,
철썩 파도 소리

저무는 해
검은 바위 위
파노라마를 그린다

노을 옷 갈아입고
춤추다
집으로 간다

변해 버린 색,

아무것도 하지 않았는데
돌아오는 길
의기양양하다

여름 식탁, 제주 갈치

동문시장 골목
은빛 비늘 반짝이는 갈치
얼음 위 곧게 누워 있다

“오늘 새벽 바다 거예요”
푸근한 상인의 말
두 마리, 바람처럼 안아왔다

창문 열어둔 부엌
바람 사이로 바다가 드나든다

무 단박 썰고
텃밭 애호박, 양파, 풋고추
양념장 풀어
두툼한 갈치 눕힌다

보글보글
찌개가 익는다

호박은 흔적 없이
국물만 호박빛
냄비 끝에서 넘실댄다

한 점 떠서 넣으니
살은 부드럽고
입 안 가득
바다가 밀려든다

잘 익은 열무김치 한 젓가락
잡곡밥 위에 얹어 먹으니
긴 장마 끝,
더위도 잊는다

오는 길에서 산 검은 수박
길게 썰어 베어 무니
달고 부드러운 과즙
턱 아래로 줄줄 흐른다
시원하다

이보다 좋을까
제주의 여름,
갈치 한 냄비에
휴가가 다 들어 있다

갯마을, 다리위에 서다

– 일광 이천교

사람과 사람을 잇고
시대와 시대를 잇고
다리 하나

일광면 이천리를 건너는
오직 하나의 교량,
걸음의 길이자
생계의 숨결

포화 속 문인들이
이천마을에 머물며
초가지붕 아래
오영수의 「갯마을」을 피워냈다

갯내음 짙은 바람 속
해순은 여전히
숨을 삼키고

소금기 밴 손끝에서
삶을 적어 내려지고

강송정 느티나무 아래
고단한 시간이 눕는다

일광역 앞 찐빵집엔
긴 줄이 늘어서고

문학비는 바다를 향해 서서
지나간 목소리 부른다

다리는 오늘도
그 말을 되뇌며
또 한 시대를 건너고 있다.

그곳의 초대

– 오초량에서

푸나무 서리에
햇살 스며들면

바위 위에서
이끼 위에서
툇마루 찻상에서
조잘조잘 하루를 꺼낸다

차례로 선 다식들

새콤달콤 금귤,
잣가루 치즈,
쏙 튀어나온 곶감란
쫀득한 속을 감춘
초콜릿과 대추

바람이 일면
찻물 소리 쪼르르,
햇살 속에 퍼지고

다관 속 호박 산국차,
은은한 향기,
단맛 속에 맺힌 온기

빌딩 숲 사이
숨 쉬는 공간,
어색하지 않다

걸터앉은 자리,
긴 호흡으로 맞이하면

또 오자,
하지 않아도

남겨진 호흡.

* 오초량(五初凉) - 부산 초량동의 다실 이름,
도심 속에서 차와 다식을 나누는 공간.

섬 꽃

– 세방낙조

저문 하늘,
붉은 기운 바다에 에이면
섬과 섬은
꽃이 된다

선연한 천지색,
항칠이 되어
홀연히 멈추었다가
다시 펼쳐진다

너울은 짙푸르게 동동거리고
숨지 못한 바람 앞
홍주빛 노을이
살며시 앉으면

손가락섬
혈도
발가락섬
장도
마도

가덕도
불도
곡섬
잠두도
솔섬

그 이름으로
피어나고

섬과 섬은
꽃이 되었다.

연리지 아래

– 남사예담촌

연리지가 된 회화나무 아래
우리는 서 있었다

등을 맞댄 두 줄기,
닮은 듯 다르고
멀리서도 가까이
말없이, 오래
같은 바람을 마셨다

나는 네가 아니고
너도 내가 아니지만
더 깊이
서로의 뿌리에 닿아 있었다

엇갈린 박자에 핀 장미,
초록 그늘 속 우리는
눈빛으로 말을 나눴다

네 손끝이
내 손끝을 스칠 때,

연리지가 이어준
스카프 한 장
우리의 계절이
곱게 접혀 있었다

연蓮 인생

– 저마다의 여름

연꽃은
소리 없이 피어나
향기를 퍼뜨린다

가시도 없고
벌레조차 쉽게 물지 못하는
맑은 꽃밭,
햇살 닿는 자리마다
자유롭게 몸을 펼친다

넓은 연잎 하나
누군가에게 그늘이 될 수 있다면-

꽃으로 피지 못하더라도
잎이라도 펼쳐
그늘 하나 남겨줄 수 있다면-

여름이 깊어가며
잎은 찢기고 벌레에 먹히고
연자방엔
씨앗 하나 남지 않았다

물가에 쓰러진 채로도
“나는 피었다” 위로하며
그 안에
세월을 꼭 안는다

사람들은
갓 피는 꽃만 바라보지만
구멍 난 연자방 하나
조용히 옆에 서 있다

피고 지며
뜨거운 여름을 묵묵히
저마다의 방식으로 건너간다

오디나무 옆 차나무

– 하동 산소에서

늘어진 가지 아래
오디열매,
까만 눈 반짝인다

이렇게 달줄이야
바빠진 손길,
허겁지겁 외치는 소리

"너무 단데?
저기 또 있네!"

작은 키 ,팔 뻗어 가지 잡고
주머니를 열지만
입이 먼저 손짓한다

언제부터 있었을까?
숙제같이 왔다가
뒤늦게 발견한
오디나무가 네 그루

잘 왔다,
반겨주시는 듯
찡하게 서 있는
시부모님 얼굴

그 옆,
차나무가 담장이 둘러서 있고

새싹이 곱게 피어 있고
어머님께서 심으신 나무란다
차나무 지천이었다

발등의 웃음

발부터 담근
여름의 열기

작고 보드라운 네 발,
아빠 발 옆에 나란히 놓이면
뼈 모양도 닮고
두 번째 발가락 길게 튀어나온 것까지

어릴 적
내가 씻겨주던 발,
이제 네가
내 발 뒤꿈치 연고 바른다

같은 마루를 밟고
같이 길을 걷는다
같은 습관,
발등이 먼저 웃는다

아빠의 발은
긴 시간 버틴 돌바닥,

딸의 발은
그 위를 따라 걷는 풀잎

발부터 닮은,
그 닮음이 웃게 한다
그 닮음이 고맙다.

운남성 고차수 차나무와 차꽃

차를 따라간 길

운남성

이번 기행은 보이차 산지, 그 중에서도 신6대 차 산지인 남나산, 노반장, 하개와 삼매산, 야생 차나무가 있는 활죽양자를 직접 보고 고古육대 차산지인 이무, 차마고도 시발지와 동경호 고택, 차순호, 복원창호 고택을 찾아 시음하기, 현지 차공장의 특별 강의가 준비되어 있는 일정이었습니다.

1장. 낯선 땅의 문을 열다

쿤밍에서 고속열차를 타고 3시간, 보이차 여정의 관문인 서쌍반나(경홍) 역에 도착했습니다.

경홍은 보이차 차산지를 향한 길목, 유유히 흐르는 란창강을 따라 여정의 숨을 고르게 되는 도시입니다.

2장. 800년 차나무를 찾아 남나산으로

남나산 800년 차왕수를 만나러 가는 첫 일정 차왕수는 어떻게 그 오랜 세월을 견뎌왔을까?

차왕수를 처음 대하는 기대감은 비탈진 꼬불길을 몇 시간씩 달려도 '어서 가보자' 하는 마음으로 힘든 줄 몰랐습니다. 버스는 아찔한 내리막길을 요령 있게 빠져나갔고, 숨막히게 좁은 길도 유유히 지나갔습니다. 마지막 길은 내려서 걸었는데, 숲 속길 양옆에는 고차수 나무들이 상쾌하게 쭉쭉 뻗어 있고 노란 차꽃들이 활짝 피어 있어 걸음은 가볍고 마음은 설레였습니다.

차 한잔 얼마든지 마실 수 있는 경치 좋은 곳에 다점들이 있어 쉬어 가고 싶었지만 800년 남나산 차왕수를 만나러 가는 길이라 서둘러 갔습니다.

드디어 마주한 남나산 차왕수, 그 모습은 상상보다 더 웅장하고 역시 오랜 세월 멋지게 자리를 잡고 있었고 쳐다보며 볼수록 감동이 되었고, 쭉쭉 뻗어 하늘과 닿을 듯 올라간 굵은 가지들, 밑둥에서 뻗어 나간 자리는 굵고 튼실하게 꼬여서 마치 작품처럼 느껴졌고 햇살을 받은 대엽종 찻잎은 싱싱하게 빛나며 생명력을 온몸으로 전하고 있었습니다.

차왕수 주인장과 함께 기념사진도 찍고, '남나산 차왕각'이라 적힌 찻집에서 올해(2024년) 가을에 만든 고차수 보이차를 마셨습니다.

3장. 한 잔의 차, 한 줄기 바람

가을바람은
남나산 깊은 산 속까지 스며들고
청명한 하늘 아래,
차왕수를 바라보며 마시는
한 잔의 차ㅡ

한 모금의 茶는
기쁨이 되어 목을 타고 흐르는데
은은한 茶香은
가벼운 바람처럼 스며
멈춘 듯 고요를 앉힌다

부드럽고 향기로운 맛,
단침이 오래 머무르는
이 한 잔의 차.

나는 바람에게 조심스레
"다시 여기를 올 수 있을까?" 묻는다

4장. 이무, 이름도 향기롭다

다음 날, 우리가 향한 곳은 이무, 그 중에서도 이무 정산, 이무 낙수동, 이무 마흑, 운남의 대표적 고수차 산지였습니다.

이무차는 차맛이 부드러우며 순한 단맛, 섬세하고 우아한 풍미, 깊이 스며 오래 기억되는 감칠맛, 그리고 은은한 회감回甘은 차쟁이들에게 특히 여성들에게는 강력히 추천되는 차, 한번 마시면 반드시 쟁여놓는 귀한 차로 손꼽힙니다.

산 아래를 내려다보면 아찔한 풍경이 펼쳐지고, 휘돌아 올라가는 꼬불길은 끝이 보이지 않았습니다. 꼭대기까지 오르는 길은 벅찼지만, 좋아하는 차가 아니었다면 과연 올 수 있었을까 했습니다.

5장. 이무, 황제가 인정한 차를 마시다

차마고도의 시작점, 이무

닳고 닳은 돌을 밟으며 천천히 차순호 고택으로 들어섰습니다.

대문 위에는 네글자, '서공천조瑞貢天朝'

황실에 진상되어 잘 만든 차로 인정 받았음을 증명하는

편액이었습니다. 노랗게 새겨진 글자를 바라보니 가슴이 벅차 올랐습니다.

"드디어 내가 여기, 이자리에 와 있구나"

황제 도광제가 인정한 보이차, 그 역사와 영광이 깃든 자리, 감격해서 카메라를 찍는 손끝은 떨렸고 책 속 사진으로만 보던 풍경이 눈앞에 펼쳐지니 무엇이든 신비롭게 보였습니다.

이윽고 내어진 올해 직접 만든 이무 차순호의 고차수 보이차, 꿀처럼 달콤한 맛이 입안 가득 번지고, 오래 남은 감칠맛은 여정에서 지친 몸과 마음을 편안하게 풀어주었습니다.

"맑고도 순수하며, 맛은 두텁고 진하고
여운은 길게 이어져 참으로 편안하구나."

누구라도 고개 끄덕일, 그런 차 한 잔을 감동 깊게 마셨습니다. 개운하고 넉넉해져 밖을 나오니 커다란 대나무 소쿠리에 막 따낸 찻잎들이 시원스레 펼쳐져 쇄청되는 모습이 눈에 들어왔습니다.

보이차란 '쇄청모차, 대엽종이며 후발효차'라고 정의했는데 저 맑은 햇살과 바람을 품은 소중한 그 무엇이 충분히 다르게 보였습니다.

가는 곳마다 올해의 고차수 봄차와 가을차를 내어주었는데, 차쟁이들은 찻잔에 집중하고 서둘러 마시는 차 한 잔, 차 두 잔은 혀끝을 스치며 조용히 스며드는 순한 맛, 온 몸을 감싸는 부드러운 차의 기운茶氣 잊을 수 없는 달큰함으로 입 안에 오래 머물며 오래도록 이어지는 회감回甘을 산지에서 느끼고 차의 여운은 깊은 산길에서 쌓인 피로를 녹여주었습니다.

6장. 구름 반, 하늘 반, 마흑!

이무의 차, 마흑의 고차수 보이차

한 모금 넘긴 뒤에야
비로소 시작되는 맛이 있다
혀끝을 스친 바람처럼,

말간 첫맛은 속을 어루만지고
부드러운 기운이
숨처럼 퍼져나간다

달큰한 한 방울
혀 아래 잊은 듯 머물며,
샘물처럼 오래 맴돌아

다 마신 뒤

되돌아오는 맛
말없이 감돌며

느린 여운이
비로소
깊이를 안다.

이무로 향하는 꼬불길은 길고도 멀었지만, 차를 마시다 보니 피로는 순식간에 흩어지고, 역시 차 좋아하는 것은 속일 수가 없구나 싶었습니다. 멀리 미얀마 태국, 라오스, 캄보디아로 흘러간다는 큰 강줄기를 바라보며 지금 어디에 와 있는지 비로소 실감했습니다.

7장. 노반장, 차왕수 집 앞에서

노반장에 도착했을 땐 이색적이며 웅장한 아치가 먼저 맞이합니다.

한참을 둘러보았지만, 먼지와 공사 중으로 어지러운 것과 고차수 차밭을 보며 '이것을 볼려고 여기까지 온 걸까'하고 조금은 아쉬운 마음이 들었습니다. 차의 기운이 제일 강해 높은 가격을 가지고 있는 노반장 지역의 차, 생각이 많아지며 돌아 나오는데 현대식 건물의 '차왕수'집에서 올해 고차수 차를 시음해보라며 우리를 초대해 주셨습니다.

8장. 하개의 차나무 앞에서 중심을 잡다

하개산 고수다원으로 향할 때까지만 큰 기대를 하지 않은 것도 있었습니다.

하지만 막상 다다른 그곳에서 마주한 차나무들은 탄탄하고 단단하고, 놀랄 정도로 아름다웠습니다.

잎에서 뻗어 나온 힘, 산이 품어 키운 생명력–

그 앞에 서니 '하개의 고수차를 몰라봤구나' 깨달았고 잘 자란 헛가이 고차수 보이차 차나무는 기품 있게 자라 좋은 차나무를 보며 중심을 잡게 되었습니다.

9장. 활죽양자, 야생차의 또 다른 얼굴

넷째 날은 이 여행의 최고 기대였던 활죽양자의 야생차를 만나러 나섰습니다.

운남의 깊은 산중, 수백 년 된 야생 차나무들이 아직도 자생하고 있는 곳, 차맛을 본 차쟁이들은 특별한 맛과 향과 기운에 놀라 궁금해도 쉽게 오지 못하는 이곳은 사람의 손길이 닿지 않아 차 숲 중에서도 오지에 있었습니다.

땅과 바람, 비와 햇살을 온전히 받아내며 자라온 나무들. 그래서 활죽양자의 야생차는 고수차와 다른 독특한 풍미를 간직하고 있었습니다.

2017년, 처음 이 차를 맛보았을 때 깜짝 놀랐습니다.

건차의 색과 모양도 달랐고, 우렸을 때 입 안에 감도는 짙은 난향, 그리고 의아한 짠 맛이 느껴져 궁금증이 앞섰습니다.

"차에서 이런 맛이 날 수 있다니…"

그 이후에도 마실 때마다 기회가 온다면 차나무가 자라는 환경이 어떤지 제일 먼저 궁금했고 나무의 모습과 찻잎 등을 직접 꼭 확인하고 싶었습니다.

그러나 활죽양자로 가는 길은 생각보다 쉽지 않았습니다. 끝없이 이어지는 오르막과 꼬불꼬불한 산길, 중간에 특별히 내어준 경운기를 갈아타고도 좁고 험한 산길을 크게 덜컹이며 올라야 했습니다. 마치 잊었던 롤러코스터에 오른 듯 아찔하면서도 기대에 부푼 마음과 생소한 경험에 덜컹임이 클수록 아이처럼 즐거움의 소리를 질렀습니다. 사고라도 나지 않을 까 조심하며 손잡이를 꼭 움켜쥔 기억보다 설렘으로 신나 했던 기억이 더 생생합니다.

그렇게 도착한 활죽양자의 야생 차나무들. 눈앞에 선 나무들은 건장한 사내라도 힘겹게 올라야 할 만큼 크고 높았습니다. 현지 가이드는 어느새 나무 중간에 올라가 있었지만 나무에 붙은 원숭이 정도로 보였으니 우리는 보면 볼수록 흥분했고 어느 새 기념사진 찍기 바빴습니다.

그러나 이내 자세히 살펴본 차나무 잎은 고차수와 달리 뾰쪽한 거치가 없었고, 엽저는 매끈했으며, 붉은 빛이 번져 있었습니다.

그 잎에서 피어나는 은은한 난향, 그리고 입안에 스쳐갔던 짠맛.

바로 이 나무에서 비롯되었다는 사실을 눈으로 확인하는 순간 신비한 무엇이 풀리는 듯 가슴 벅찼습니다.

차의 다양성과 강인한 생명력, 깊은 뿌리 앞에서 다시 겸손해지며 책 속에서 배우던 이해가 경험으로 느껴지니 차는 대자연과 세월이 빚어낸 하나의 거대한 생명체였습니다.

그토록 특별하게 느꼈던 그 맛, 잊을 수 없었던 활죽양자의 기운, 그 향은 바로 이곳, 이 나무에 있었습니다.

야생 차나무

– 활죽양자

사람의 손을 비켜
천천히, 오래 자라
굵고 단단해진 몸통,
하늘을 향해 곧게 선 기상

밑둥은 이끼에 덮여 숨 쉬고,
어른 세 명,
두 팔 뻗어 안으려 해도
닿지 않는다

한 잎, 두 잎–
더디게, 천천히,
목마른 세월을 견뎌야
만날 수 있는 향기

시간이 허락해야만
얻을 수 있는 맛,
세월이 빚어낸 깊이.

활죽양자 야생 차나무

10장. 활죽양자의 야생차나무, 잊지 못할 그 날

이번 운난 여행에서 가장 큰 기대와 설렘을 안겨준 일정은 다름 아닌 활죽양자의 야생차나무를 직접 보는 일이었습니다. 운남을 여러 차례 다녀온 협회 회장님께서도 처음 발을 디딘 자리라 무척 기뻐하셨습니다.

산을 내려와 도착한 곳은 삼매산 자락의 한 가정집

그곳에서는 특별히 마련한 가정식이 우리를 기다리고 있었습니다.

특히, 이 집에서는 직접 가꾸어온 고차수 찻잎을 미리 따두어, 우리가 직접 살청과 유념 과정을 체험할 수 있도록 준비해 주셨습니다.

"보이차 살청이라니?", "보이차 유념이라니?"

놀라움과 고마웠던 기억이 아직도 생생합니다.

익숙한 녹차나 황차는 만들어본 적 있었지만, 대엽종 보이차는 처음이라 선 뜻 손이 가지 않았습니다. 살청은 두꺼운 장갑을 끼고, 서툰 손길로 불 앞에 서서 조심스레 찻잎을 던지며 진행되었습니다.

유념은 설명을 놓친 채 무심히 찻잎을 만지다가, 보고 계셨던 원장님께서 놀라 하시는 바람에 하마터면 엉뚱한 실수를 할 뻔했습니다.

살청은 잎이 크고 두터워 양이 많게 느껴졌고, 유념 또한 공글리기와 털기가 달랐습니다. 착착 치듯 간추리는 동작은 어디서 본 듯 낯익어, 순간 왁자지껄 그거 아니냐며 한바탕 웃음과 수다가 크게 터졌습니다.

이어 햇빛 아래 가지런히 펼쳐 말리면, 보이차 제다의 특징인 쇄청모차가 됩니다.

손끝에 닿은 찻잎은 향기를 머금은 보이차로 태어났습니다. 그날의 체험은 차 한 잎에 깃든 세월의 숨결과 사람의 정성이 하나로 이어져 오롯이 소중한 경험이 되어 깊이, 오래 남았습니다.

여행을 마치고 돌아와 우리가 직접 만든 고차수 보이차, 생차와 숙차를 받아서 마셔보니, 세상 어디에도 없는, 오래오래 잊지 못할 차 한 잔이 되었습니다.

그 차 한 잔은 단순한 음료를 넘어 활죽양자의 숲과 삼매산의 햇살, 정성어린 손길과 우리의 웃음이 한데 스며든, 세월과 사람이 빚어낸 향기로움이었습니다.

지금, 마치 여행의 모든 순간이 찻물 속에 녹아들어, 한 모금 한 모금 머금을 때마다 그날의 순간들이 살아납니다.

차를 사랑하는 이들의 가슴에 오래도록 남을 뜻깊은 시간이었습니다. 감사한 여정은 얼마나 준비를 잘 하셨는지 낱낱이 보여져서 저절로 뭉클해집니다.

감사의 글

이번 여정을 통해 새삼 깨달은 것은, 관계가 얼마나 크고 소중한가 하는 점이었습니다. 열여섯 명의 일행을 기꺼이 맞이하고, 단 한 순간도 놓치지 않고 정성껏 도와주신 중국 현지의 오랜 지인들께 진심으로 감사드립니다.

무엇보다 뜻깊었던 것은, 활죽양자의 찻잎으로는 기념병차(생차)를, 대맹송 밀림 고수 보당으로는 기념병차(숙차)를 만들어 제작하게 된 일입이다. '한중차문화원' 로고와 운남성 차기행 내용을 넣어, 정성껏 만들어 주시기로 하였으니, 그 완성을 기다리고 있습니다.

이 모든 과정을 위해 애써주신 한중차문화원 노명국원장님, 여행이 원만히 이루어지도록 살뜰히 챙겨주신 북경 서선생님, 그리고 함께 발걸음을 맞춰 주신 분들께 다시 한 번 깊이 감사드립니다.

시어 풀이

- 차왕수(茶王樹) : '차나무의 왕'이라 불리는 거대한 차나무. 수백 년 이상 자라온 나무를 가리킨다.
- 고차수(古茶樹) : 오래된 차나무. 깊은 뿌리와 세월의 향을 머금는다.
- 고수차(古樹茶) : 고차수에서 채엽한 찻잎으로 만든 차. 부드럽고 깊은 맛과 향을 지닌다.
- 이무(倚暮) : 중국 운남성(雲南省) 서쌍판납(西雙版納) 다이족 자치주에 위치한 유명한 보이차 산지. 이무정산(易武正山)으로도 불리며, 운남 6대 차산(茶山) 가운데 대표적인 곳. 차향이 부드럽고 단맛과 회감(回甘, 뒤에 감도는 단맛)이 뛰어나기로 유명하다.
- 탕색(湯色) : 우려낸 차의 맑고 투명한 빛깔. 차의 질과 발효 정도를 가늠하는 중요한 요소.
- 덖다 : 찻잎을 뜨거운 솥이나 불에 볶아 산화 효소 작용을 멈추는 제다(製茶) 과정.
- 차향(茶香) : 찻잎에서 우러나오는 향기. 품종, 산지, 가공법, 저장 방식 등에 따라 꽃향, 풀향, 과일향, 약재향 등으로 달라진다.
- 찻자리 : 차를 나누어 마시는 자리를 의미. 단순히 음용의 자리가 아니라, 교류와 사유의 공간을 상징.
- 차기(茶氣) : 차가 몸에 주는 기운, 혹은 차를 마시면서 느껴지는 미묘한 생리적·정신적 에너지.
- 서공천조(書空千兆) : 청나라 황제가 이무 차상인 차순호에게 내린 어필 편액(御筆扁額). 보이차를 황실의 공차(貢茶)로 공인한 기념으로, 이무차의 명성과 정통성을 확고히 해준 표식이다. 이 편액은 현재 운남성 서쌍판납의 이무 지역, 차순호 고택에 걸려 있으며 보이차 역사 유적지의 상징으로 여겨진다.
- 충시차(蟲屎茶) : 차나무 잎을 먹는 벌레의 배설물이 발효된 차. 검은 알갱이 모양이며, 달콤한 향과 강한 열감을 지닌 독특한 발효차. 끓이면 짙은 갈색 탕색이 나오며, 단향(甜香, 달콤한 향기)과 함께 몸을 데우는 강한 기운이 특징입니다. 소화·체온 조절·피로 회복 등에 효과가 있다고 전해져 약차(藥茶)로도 쓰여 왔다.

- 육보차(六堡茶) : 중국 광서성(廣西省) 육보현에서 전통적으로 생산되는 후발효 흑차(黑茶). 대나무 바구니에 담아 저장·숙성시키며, 시간이 지날수록 향과 맛이 깊어진다. 특유의 단맛과 부드러운 목 넘김, 체온을 데워주는 열감이 특징이다.
- 암골화향(岩骨花香) : 무이산 암차 특유의 향. 바위의 유기물질과 기후 조건에서 비롯된 깊고 묵직한 향기로, '바위의 뼈와 꽃의 향기'라 불린다.
- 육계(肉桂) : 무이암차의 대표 품종. 계피향과 강한 골격감이 특징이다.
- 동방미인(東方美人) : 대만의 대표 오룡차. 벌레가 물어 독특한 꿀향과 과일향이 나는 차.
- 남나산(南糯山) : 중국 운남성 시쌍반나의 대표적 차 산지. 팔백 년 이상 된 고차수 군락이 보존되어 있으며, 부드럽고 단맛이 있는 차로 유명하다.
- 이무(易武) : 운남성 시쌍반나 지역의 고치수 산지. 섬세하고 우아하며 감칠맛과 긴 회감(回甘)으로 '보이차의 고향'이라 불린다.
- 노반장(老班章) : 운남성 맹해현의 '차왕촌(茶王村)'으로 불리는 산지. 진하고 강렬한 차기(茶氣)로 명성이 높다.
- 자사호(紫砂壺) : 중국 강소성 이싱(宜興)에서 생산되는 자사토(紫砂土)로 만든 차호(茶壺). 숨을 쉬는 도공의 흙이라 불리며, 불과 사람의 손길, 세월이 어우러져 완성된다.
- 연지(蓮池) : 연꽃차를 우리는 다기(茶器). 작은 연못처럼 생긴 그릇에 뜨거운 물을 부어 찻잔을 데우거나 차향을 머금게 한다.
- 천심영락선사(天心永樂禪寺): 무이산 천유암 아래, 폭포 곁에 자리한 선찰(禪刹). 가까운 곳에 대홍포 모차(母茶) 6그루가 자생하는 곳.
- 니료(泥料) : 자사호의 영혼이라 불리는 흙. 철분과 광물질이 풍부해 불에 닿으면 단단해지고, 차향을 오래 머금는다. 장인들은 흙을 바로 쓰지 않고, 묵혀 저온창고나 연못 아래 두며 숙성시킨다.
- 1080도의 불길 : 자사호는 보통 1080℃ 이상의 고온에서 구워진다. 이때 흙 속의 광물질이 반응하여 자연스러운 발색과 무늬가 나타난다.
- 쌍기공(雙氣孔) : 자사토는 독특한 미세한 이중 기공 구조를 지니고 있다. 차향을 단단히 붙잡고 차의 맛을 부드럽게 한다.
- 호(壺) : 자사호(紫砂壺)는 단순한 다구가 아닌, '숨쉬는 그릇'이라 불린다. 차를 따를수록, 시간이 흐를수록 호는 더욱 깊은 빛과 향기를 머금는다.
- 서수당(壽陶堂) : 중국 이싱(宜興)의 대표적인 자사호 제작처. 명·청 이래 전통을 이어온 장인들이 활동해 온 곳으로, 오늘날에도 정통 자사호 제작을 계승하고 있다.